W0052209

# MARIA
## MARIA

VOR DEINEM BILD beten die Glücklichen und spiegeln die Freude der tausend Farben wider, in denen Du mit dem Kind immer neu dargestellt bist.

VOR DEINEM BILD beten die Traurigen, die in deine Tränen über dem Sohn auf dem Schoß die eigenen Tränen immer neu einfließen lassen.

VOR DEINEM BILD flackern unzählige Lichter und erzählen von Freude und Leid, von Verlust und Liebe, funkeln immer neu Vertrauen und Hoffnung in deine Bitte.

VOR DEINEN BILDERN an nie gezählten Orten beten seit Generationen · immer neu Menschen und finden in deiner Nähe Heimat, die gut tut.

Mag. Josef Schmidinger
Krankenhausseelsorge
Salzkammergut-Klinikum Bad Ischl
Dr. Mayer-Straße 8-10 | 4820 Bad Ischl

Renate Pöllmann

# „Frische Luft"

*Gedichte, Gedanken und*
*Geschichten in der Mundart*
*des Salzkammergutes*

Illustrationen: Hari Lechner
www.harikatur.at

Lektorat: Prof. Hans Dieter Mairinger

Umschlagfotos: Bernd Moser

Umschlaggestaltung: Arno Moosleitner
www.moosleitner.at

© by Verlag Johannes Heyn
Klagenfurt, 2015
Grafik: Reinhold Grimschitz
Druck: Druckerei Theiss GmbH, A-9431 St. Stefan
ISBN 978-3-7084-0546-9

# Vorwort

In der Literatur lässt sich mit dem Dialekt so einiges anstellen. Man kann ihn brauchen, vielleicht weil sich in der Hoch- oder Schriftsprache manches nicht ganz so sagen lässt, wie man es gerne ausdrücken würde, wenn man ganz bei sich und seinen Gefühlen ist, die ja meist auf die unmittelbare Umgebung reagieren.

Man kann ihn aber auch missbrauchen, indem man ihn zwischen künstlicher Einfalt und den als Tradition getarnten Klisches von Heimatverklärung und Heile-Welt-Versprechen gefangensetzt. Und man kann ihn auf herrliche Weise gebraucht, um der Sprache, die er führt, ein neues Verständnis der Welt (auch wenn diese Welt meist klein ist) abzugewinnen. Ein Verständnis, dem nicht nur die Fähigkeit zu Kritik und Selbstironie zuarbeitet, sondern auch die herbe Poesie des Alltäglichen.

Renate Pöllmann hat sich den Dialekt ihrer Region als Medium ausgesucht, als Nachdenk- und Literatursprache, in der sie mit sich über das (ihr?) Leben verhandelt, und tut, was man als DichterIn eben mit Sprache tut, nämlich sie verwandeln und aufs Neue wirksam machen.

Da ziehen dann Binsenwahrheiten in un- gewohnten Reimen erneut Aufmerksamkeit auf sich. Kurze Prosastücke ersticken die Rüh- rung im Lachen und das Lachen im Berührt- werden.

Bei anderen Texten nützt Renate Pöllmann die Schreibung (klein und ohne Abstand zwi- schen den Wörtern) als Verfremdungseffekt wie zum Beispiel in den herrlichen Gedichten „Aussi!", „Pvawandtschaft", „Voigas" usw., die ein wenig an den jungen Friedrich Achleit- ner in der legendären Anthologie „hosn rosn baa" (erstmals erschienen 1959) gemahnen.

Mit einem Wort, Renate Pöllmann hat in ihrem Umgang mit dem Dialekt für sich und ihren ganz speziellen Bedarf eine Sprachform gefunden, die zwar von allen in der Region verstanden werden kann, jedoch die Grenzen des Dialekts, so wie sie ihn gebraucht, bei Weitem überschreitet.

Sie hat ihn als literarisches Mittel quasi neu erfunden. Und das ist gut so. Denn der Dialekt dankt es ihr, indem er sich, von ihr gesprochen und aufgeschrieben, als überraschend frisch und mit Witz versehen, als erstaunlich aussagekräftig erweist.

*Barbara Frischmuth*

# Ih geh

Ih geh alloa, ih geh zu zweit,
ih geh wann's is mit mehra Leit,
ih geh ah meistns ziemlich schnö,
ih brauch d' Bewegung fia mei Söö!

Ih geh bergauf, ih geh berga(b),
ih geh bon See und nebman Ba(h),
ih geh in meina Alltagskluft,
ih brauch an Haufm frische Luft!

Ih geh auf d' Nacht, ih geh ganz bald,
ih geh durch Wiesn und in Wald,
ih geh, wei 's Geh dahalt mein Gsund,
ih brauch dafia koan andern Grund!

Ih geh wann's schneibt, ih geh wann's regnt,
ih geh wann d' Sunn scheint duri d' Gegnd,
ih geh mit Freid und kriag nia gnua:
Ih brauch d' Bewegung – und d' Natua!

# *aussi*

aussiundauffi
undumiundüwi
drentawiunddani
undeiniundzuawi
undawengredn
undawenglacha
undawengschau
undawenggfrei
weilssoschenis
rundumadum

amliabstn
jedntag
mitenk

aussiundauffi
undumiundüwi

## Wiara Bam

Und sei mecht ih wiara Bam,
den nix so schnö umhaut.
Mit an Stamm, an festn,
net schnirlgreha,
a weng gwehlat
awa fest in de Wuachzn.

Wei d' Wuachzn herhalt,
wann's dih beitlt.
Und wann's mih herbeitlt,
solln Kerschn awafalln
oda a paar Laubablattl –
gscheckade!

Und auffizua mecht ih schau
in Hümmö und zu de Vögö
und meine Astln ausstrecka,
dass de Platz habm,
de zuawakemman.
Und wann oa wolln,
kinnan s' Nestl bau.

Sei mecht ih wiara Bam,
wiara gstandana,
mit oana festn Wuachzn.
Netta koa Tannabam net,
wei der wird gern abgsagelt.

## Ruacha und suacha

Ruacha und suacha
ja alls kauft er zsam,
in Nachbarn sei Hittn
tragt ah scho sein Nam.

Denga und glenga
a Erbschaft dafecht,
d' Vawandtschaft is z'keit hiaz
doh eahm is's grad recht.

Kaufm und raufm
um jeds Fleckö Wald,
doh er is a Ehrnma(nn)
wann's sein muass mit Gwalt.

Hackeln und packeln
an jedn Tag z'gleich.
Von Lebm hat er nix ghabt,
awa gstorbm is er reich.

# Sunntag am Land

Da Sunntag is bo ins am Land
als Ruhetag ja meist bekannt.
Bist awa du im Landwirtsfach
hast anan Sunntag ah an Tschach!

Wannst an Saisonbetrieb besitzt,
werd sei, dass d' ah am Sunntag schwitzt,
wei akrat da, da kemman d' Leit,
de habm am Sunntag alle Zeit!

Da Sunntag is bo ins am Land
als Sonnentag fast unbekannt,
wei's meistns da in dera Gegnd
am Wochenende grimmig regnt.

Doh gibt's am Sunntag an Grand Pri(x),
a Bundesliga-Fuaßballspü,
an Marathon, a Tour de France,
da falln de Manna gern in Trance
und es kann sein, dass's net gelingt,
dass ma s' von Fernsehgn weggabringt!

Am Sunntag schlaf ih meistns lang
bis dass er kimmt, da Fruahstucks-Plang
auf Semmerl, Schinken, Kas und Eier,
ja jedn Tag kam uns des z'teia!

Am Sunntag triffst all in da Kiacha,
a Bratl kannst vo zweitigst riacha.
Und schoppm tuat da gern da Ma
von wo er net z'bald hoamgeh ka.
Ja, so a frühe Schoppingtour
de geht da Frau oft gegn d' Natur!

Am Sunntag kimmt – ih find des sche,
ah gern d' Vawandtschaft zun Kaffee
und wannst da des am liabstn sparst,
is's guat, wannst eh Zeit weggafahrst!

Am Sunntag geht ma gern spaziern,
ma lasst sih umananda fiahn
und tragt dabei a ganz neichs Gwand.
Ah des gibt's da bei uns am Land!

Am Sunntag – mei, ih sag des leisa,
da haun ma uns gern üba d' Haisa!
Mia fahrn da scho am Freitag fort
und bleibm an einem andern Ort.
Ih kann enk sowas wirklih ratn,
a Kurzurlaub ka niamals schadn!

Da Sunntag is der Feiatag,
den was ih echt am liabstn mag.
Oans stört mih, sunst waar 's Paradies:
Dass nächstn Tag scho Montag is!

# Üba d' Beriga Stricka-Runde

In Goisern gibt's vü schene Platzln und am schenstn is's in da Sunnseitn, so sagn d' Beriga. Se wohnan in da Sunnseitn ganz obm, drum hoaßt's durt ah „Berig".
Da gibt's an etla gschmahe und gsellige Leit und oa bsundane Runde:
Des san de Beriga Stricka-Weiwa.
Se kemman gern zsam und toan stricka, übahaupt in da kaltn Jahreszeit, wei da kunntn s' eh net so leicht ins Tal awi oda sunst wohin.
Oamal in Jahr machan s' awa an Ausflug, de sechs Frauen, auf den gfrein sa se a ganz's Jahr. Vor zwölf Jahr war ausgmacht, se wolln in d' Obertraun zun Schnitzlwirt, wei da gibt's de größtn und bestn Schnitzl weitum. De Tag vorher hat's allwei vü gregnt, awa eahna war des oanding, wei zun Schnitzlessn braucht ma eh koa schens Weda.
Fesch anglegt und volla Freid san s' von Berig awi und uman See gfahrn.
In da Hallstatt habm s' a weng gschaut, wei nachn Tunnel is grimmig vü Wassa auf da Straß gwen, se habm grad halt duri megn. Da Hunga war awa scho groß, se habm se nix denkt und san weidagfahrn bis in d' Obertraun.
Wia se's Auto aft abgstellt habm, san s' draufkemma, dass da See a weng übaganga is, ja dass's schiagar a grimmigs Hohwassa gibt.

Sowas kennan s' in Goisern in Berig net.

Da rinnt alls nah Tal.

Zun Schnitzlwirt hat ma ah gar net zuawi megn, wei alls unta Wassa gstandn is. Hiaz san s' dagschtandn mit de Handtaschln und mit'n schen Gwand. Auf oamal kemman d' Schulakinda, de habm z' Mittag ausghabt und de gengan üwa a paar Schragn, auf de Lattn glegt wordn san, zun Wirtn umi.

Was de kinnan, habm s' gsagt, d' Beriga Weiwa, was de kinnan, des kinnan mia ah!

Und so is oane nah da andan üba d' Schragn und d' Lattn zun Wirtn umiganga.

Der hat sih gfreit, wei se warn de oanzign Gäst und er hat an den Tag wenigstns a bisserl a Gschäft gmacht.

Gschmah is gwen und de letztn Restln vo de Schnitzln habms sa se in d' Folie und in eahne Taschln einpackt, fia d' Manna dahoam, wei se s' neama daessn habm.

Bon Geh hat da Wirt gmoant, er tarat nuh gern a Foto macha vo eah, bo de Schragn draußt, damit er an den Tag a Erinnerung hat.

Und wia s' so daschtengan und liab schaun fias Foto, fangt der Lattn unta eah zun Glankön an und alle sechs Weiwaleit falln ins Wassa! Es is net gar so tiaf gwen und ah net kalt, es war in Juli, awa schledanass san s' gwen!

Ausn Handtaschl is 's Wassa grunna, d' Schnitzl hat's dawoaggt, d' Schuah warn angfüllt, so hättn sa se net amoi ins Auto sitzn kinna! Da Wirt is dahin gwen, so schnö habm s' gar net schau kinna, den habm s' neama gsehgn.

Nach an Eichtl is awa d' Wirtin aussakemma, dera habm s' load tan. Sie hat s' einighoit ins Wirtshaus, in an Zimmerl habm sih alle sechs Frauen abzogn und d' Wirtin hat eahna Gwand zsamgsammelt und in Wäschetrockna tan.

Und se san mit de Handtaschln und in da Gatti-hosn auf a paar Handtüachön gsessn und habm gwart. Und habm des Beste draus gmacht. Glacht habm s' und bledlt.

Und ausgmacht habm s', dass des neamd dazöhln, gar neamd.

Nach oanahalb Stund war da Trockner fertig und se habm se wieda anziagn kinna. Leida is vü vo eahnan Gwand von Trockna a weng anders aussakemma: De fesch Wollstoffhosn is um zwoanzg Zentimeta einganga und bobmscheich gwen, da Blisse-Faltnrock hat ausgschaut wiara Ballon und 's Kostüm war zwuzelt als wia.

Awa d' Stimmung war guat und d' Schragn und d' Lattn san vo de Gmoala wieda aufgstöllt wordn und se san fesch aufs Festland kemma.

Bon Hoamfahrn san s' aft nuh wo auf an Kaffee zuawigfahrn. D' Leit habm s' zwar a weng komisch angschaut, awa eahna war's oanding, se habm se nix ankenna lassn.

Und wia bon Hoamkemma de oa Schwiegatochta gsagt hat: „Mei, awa so seids es heit in Vormittag net ausn Haus ganga!", da hat s' recht ghabt.

Dazöhlt habm s' de Gschicht fast zwölf Jahr neamd, de Beriga Stricka-Weiwa.

Awa seitn zwoara Jahr wissn se ah, was a Hohwassa is!

# *wuascht*

miaisdessowiasoganzwuascht
obdafranziheirat
miaisdeswirklihganzwuascht
undmihgehtsaußadem
ehnixan

awadefunsn
dewaserhiazhat
debrauchtersihnet
ghaltn

## Ih wollt heit wirklih putzn

Ih wollt heit meine Fensta putzn,
doh leida werd ma des nix nutzn,
wei's schleddert und es wird net gscheida.
Ih les hiaz bei mein Büachö weida!

Ih wollt in Kuchöbodn heit wischn,
doh leida kimmt ma was dazwischn.
Mei Muatta moant: „Heit is's so sche!
Geh kimm auf an Balkon-Kaffee!"

Ih wollt mei Bad auf Hochglanz rübön,
heit is der Tag, ih hol de Kübön.
Da schreit mei Freindin: „Sei net fad
und geh mit mir ins Hoisnrad!"

Ih wollt de Möbön frisch poliern,
an neichn Glanz nuh auffischmiern,
gach steht mei Schwesta da, grad heit!
Und mecht vo mia a bisserl Zeit!

Ih wollt erscht d' Winterschuach varrama,
in Dirndlkittl auffisama,
da moant mei Mann, heit waar der Tag,
wo er gern Radl fahrn geh mag!

Ih wollt, ih hätt, ih mecht, ih wü,
ja theoretisch mach ih vü.
Dass ih was toa sollt, woaß ih scho,
ih leb – sunst rennt ma 's Lebm davo!

# Da Luach

A Wuggerl durt, a Wuggerl da,
a Wuggerl bei de Schuach.
Es wohnt bei mir und sammelt sih
am Bodn gern da Luach.

A Wuggerl nachn Staubsaugn gleih,
a Wuggerl auf mein Buach,
ah wann ih grimmig narrisch wia
er fühlt sih woih, da Luach.

A Wuggerl bei da Kuchöbänk,
ah wann ih 's gar net suach,
bon Luftzug riaht sih was am Bodn
wo kimmt der her, der Luach?

„He Wuggerl", schrei ih, „heit wird's grecht;
ih wisch hiaz d' Wohnung duach!"
Aft schleicht sa sih und fiacht sih recht.
Bo mia, da gibt's koan Luach.

Doh kaam is's Putzzeig weggagramt,
mia kriagn heit nuh an Bsuach,
da wird er neigierig alls wia
und schaut wer kimmt, da Luach.

Des Wuggerl hat a Eignlebm,
es nutzt nix, wann ih fluach.
Grad wia a Viech, statt Hund und Katz
lebt er bei mia. Da Luach!

## So san ma

In unsra Gegnd, bei uns am Land,
san d' Leit recht sondabar bonand.
Da Landbewohna hat de Gab,
er sagt statt „guat": „is net so lab",

statt „de is fesch" hoaßt's „goa net schia"
und „liab" und „traumhaft" sagt er nia.
Er sagt zur Not nuh „kann ma lassn"
und wuard koa Gfüh in Worte fassn!

Da Landbewohna hat an Schmäh,
a wengerl gfeazt, des kenn ma eh,
ja sudern tuat er net alloa
und er hat grausig vü zun toa.

Kimmt d' Red dann goa auf d' Politik,
aufs Gsetz, auf d' Steiern, Alk und Tschick,
aft halt 'n nix mehr auf sein Sitz,
wei des is alls a schlechta Witz!

Seit da EU lauft alls vakehrt,
ja 's Geld is ah scho nix mehr wert,
so lab wia's hiaz is, war's nuh nia,
und alls is deppat, arg und schia.

Mia da am Land san des scho gwehnt,
wei ma des Redn bei uns scho kennt,
zweng den toan mia uns ah net awe,
mia redn halt liaba übas Lawe!

Wann mih wer fragt, was ih so moa,
aft sag ih gern: „Es mua scho toa!"
Ah wann des gwiss net alle megnd –
so san ma da in dera Gegnd!

# Kinagschroa

„Ih halt's net aus!" sagt d' Gruawa Lina,
„des laute Gschroa da vo de Kina!

An ganzn Tag, bo jedn Weda
gibt's da vorn Haus a murdstrum Gfleda!

Ih brauchat fia mein Ruhestand
zun Nachbarn hin a Lärmschutzwand!"

# Koa Siaße

Ih bin ja normalerweis koa Siaße.
Na, ih bin überhaupt koa Siaße.
Was Sauers iss ih weit liaba wia was Siaß's.
Awa de Topfmknödl!
Zu da Tschini ihre Topfmknödl hab ih nia „Na"
gsagt. De hab ih gessn, wia wann ih nia mehr
wieda oa kriagert.
So was Guats!
De san oan auf da Zung zganga und de Butterbresl
dazua mit den nussign Gschmah, heit tram ih nuh
davo.
Und erscht ihr Bratl!
Des beste Bratl, des ma sih nua vorstelln kann.
Mit gnua Kruschperl drauf, 's Fleisch net z'fett
und ganz moa – unglaublich!
Übers Saftl red ih gar net, wei da rinnt ma so-
wiaso scho 's Wassa im Mund zsam.
Da Tschini ihr Schweinsbratn is oafach da beste
vo rundumadum.
Ih erinner mih ah nuh guat an ihre Frisurn.
Des hat s' ah kinna, obwoih s' eigentlich Kran-
kenschwesta war: Frisurn macha!
Auf da Alm hat s' ma amoi an uhudltrumgroßn
Holzstock in d' Haar einibundn.
Des war a Gesamtkunstwerk. So hab ih aus-
gschaut.

Wiara Gesamtkunstwerk. Wei in a passads
Gwand hat s' mih ah einigschtrott.
Mit Almbleamal drauf.
Und sie hat sih bogn vor lauta lacha, wia s' mih
angschaut hat. Wei lacha hat s' ah recht megn.
Und was s' alls dazöht hat!
De schenstn Gschichtn aus ihrn Lebm, vo ihre
Reisn, vo ihre Godnkinda und vo ihra Arbat. Und
erscht de Märchen!
Bei an Kerznliacht oda in da Finstan, vorn Ein-
schlafn hat s' Märchen dazöht.
Net irgendwöchane, sondern ihre eigenen.
Zun Fiachtn, zun Reahrn und zun Kudern.
Tschini-Gschichtn, voi schene.
Und angrauschigt hat s' mih ah meistns, wann
ih bei ihr war. Wei da habm ma aft nuh mehra
lacha miassn – hat sie gsagt.
Wann s' oan was gschenkt hat, aft war des ah
allwei was Bsundas.
Ihr selbm gmachte Marmalad oda spezielle Kino-
kartn oda mei Lieblingsduschbad.
Wann ih mih eisoafig, denk ih iawad an sie.
Wei ih koane Topfmknödl, koa Bratl, koa Frisur
und koane Gschichtn mehr kriag vo ihr.
Sie hat sih abpfiat, d' Tschini.
Üwa Wochan und Monat.

Und jedn Tag is a Bröckö vo ihr ganga.
Ihr blitzgscheits, liebevolls, hüfsbereits und woachs Wesen hat da Krankat weicha miassn.
Jedn Tag is da Tumor in ihrn Kopf greßa wordn und de Zelln, de ma zun Denka braucht, san weniga wordn.
Awa lacha hat s' nuh megn!
Wann ih bledlt hab mit ihr und ihr Gschichtn vorglesn hab. Und Liadln vorgsunga. Und Büdln angschaut. Und ihr gsagt hab, wia gern dass ih s' hab.

Und wia ma drei Tag vor ihrn Sterbm nuh a Kerschnkompott gessn habm und sie de Kerndln üban Tisch gspuckt hat, wei ih ihr von Weitspucka vo de Kinda dazöht hab, da habm ma wirklih nuh amoi a Gaudi ghabt.
A andare Gaudi als friahra.
Awa de merk ih ma.
Genauso wia ih ma in Gschmah merk vo ihre Topfmknödl und vo ihrn Bratl.
Und ihr Stimm bon Dazöhn vo ihre Gschichtn und ihr „Gesamtkunstwerk".
Sie war d' Tschini. A bsunders liabe Freindin mit oana Seel wiara Gesamtkunstwerk.
Und in Summa macha ma
a Kerschkerndl-Weitspucka zu ihrn Andenka.
Obwoih ih eigentlih koa Siaße bin.

## wiaso meldt sie sih neama

mia habm doh allwei
sie hat aba gsagt, dass
mia warn doh so vü
was hat s' denn fia
hat s' mei Telefon
ih hab ihr ja gar nix
aba ih vasteh net warum

und irgendwann is's da wurscht
aft woaßt du ah, dass's vabei is

# Da Marder

Da Fred, da Schnöll und d' Silvia
de liegn dahoam im Bett.
Da hearn se a Geräusch im Haus –
„A Marder", moant da Fred.

„A Marder macht sih", sagt sei Frau,
„auf koan Fall selbm a Liacht!
Des is a Einbrecha, steh auf,
wei ih mih grimmig fiacht!"

Da Fred, der nimmt a Holztrum mit,
holt aus und schlagt fast zua!
Da merkt er grad halt – Gott sei Dank –
es is nur eahna Bua!

# Leida

Leida, sagn de Herrn der Banken,
toan de Kurse a weng schwanken.
's Geld is bald scho nix mehr wert,
guat is's wann da net z'vü ghert!

Leida, sagt de Politik,
gab's an Grund zur Selbstkritik,
doh de Finanzierung steht.
Mach ma gschwind a Sparpaket!

Leida, sagn de ganz de Reichn,
lass ma uns da net erweichn.
Steuern? Mehr? Fia unsaoan?
Na, de hoin ma vo de Kloan!

Leida, sagn de Lobbyistn,
gibt's vo uns a lange Listn,
awa wann ma weida liagn
werd uns neamd in Häfn kriagn!

Leida, sagn uns de regiern,
miass ma uns fia nix scheniern.
Unsa Teamwork funktioniert,
ah wann seltn was draus wird!

Leida, sagn de ganz de Gscheidn,
wird de Wirtschaft nuh mehr leidn,
awa d' Kaufkraft, de ghert gstärkt,
wei ma aft net so vü merkt!

Leida, sagn halt mia da untn,
habm ma nuh neamd Bessern gfundn:

> ... an und für sich geht's uns guat,
> bis dass's halt an Tuscha tuat!

> ... ja, Prophetn de gibt's seltn
> und drum lass ma eah alls geltn!

> ... Geld is Macht und Macht bringt Geld
> und nuh draht sa se, de Welt!

# Allergie

Es jammert all' Jahr – Dirndl, Bua
beim Muntawerdn vo da Natua.
Wann's grea wird is des wunderbar,
doh nebmbei is uns net ganz klar,

was uns so feigöt, liabe Leit –
mia habm uns so aufs Fruahjahr gfreit!
Hat friahra wer vor Gsundheit gstrotzt –
im Fruahjahr, da werd ghuascht und grotzt.

De Nasn san brinnrot und beißn,
de Leit rundum tuat's grad nuh z'reißn!
„Hatschi", „Zun Wohl" hoaßt's statt
„Griaß Gott"
und sagt wer „Gsundheit" klingt's wia Spott.

Des Aug, des tränt, wann's aussischaut,
weswegn sih neamd vor d' Haustia traut.
Da Mensch is gar net recht in Form,
da Pollenflug dafia enorm!

Mit Haslstauan, Birke, Weidn
vagrößern sih, wann s' bliahn, de Leidn.
Und außadem wird koana gfragt,
warum er 's Fruahjahr net vatragt.

Vo was des kimmt? Ja was woaß ih,
ma nennt's ganz oafach Allergie.
Nah a paar Wochan is's vabei.
Doh net fia all – wei aft kimmt 's Hei!

# Mia toan heit grilln

Am Rasn steht, des is a Lebm,
da Grilla mit de Kohln danebm,
de Grillsaison fangt heit grad an,
was ih frei net dawartn kann!

Es gibt Kotlett, an Schopf, an Bauch
ja, an Salat, den habm ma auch,
des kalte Bier gibt's aus da Dosn
und a Gebäck und frische Soßn.

Zur Feier von Saisonanfang
hab ih den grimmign Knofö-Plang
und ih dawisch gleih volla Gier
den Tögö mit da Knoföschmier!

Aufs Brot, aufs Fleisch und in Salat,
um d' Knofösoß is heit net schad,
wei wia ma woaß, is des recht gsund
fias Herz, fian Bluatdruck und, und, und!

Ja, nah an Schnapserl start ma aft
zu an Spaziera mit gnua Kraft.
Mia habm ah sunst nix anders fia,
drum stört koan Mensch mei Knofögier!

Doh leida gleih bon Straßl unt
gegnt uns da Nachbar mit sein Hund.
Da Hund der bellt und schnoföt her
und ih, ih mag ja Hunde sehr,

ih streichl eahm und sag: „Ja Sam!"
Da Hund fallt um, sehr unbequem!
Beim Wandan in da frischn Luft
moanst, dass da Knofö bald vaduft.

A Zuckerl nimm ih, wei – ja schau –
da kimmt da Hans mit seina Frau!
„Ja griaß enk", sag ih, „taugt enks Weda,
da is 's Spazierngeh net des Bleda!"

In Hans sei Frau, de reckt's a weng,
da Hans moant: „Mei, da riacht's heit streng!"
Und se vafalln in flottn Schritt,
ih gib eah nuh an Deita mit!

Mei Mann geht vorn, ih geh eahm nah,
sche is des Wandan an da Ah.
Und wieda kimmt uns wer entgegn,
den mia vo Haus aus ziemlih megn!

Mia wacheln, fuchteln, springan frei,
umarmen unsre Freunde gleih!
De beitlt's a(b), se kriagn de Froasn:
„Mia miassn knettig weidaroasn!"

So sagn s' und schaun uns an – recht schief
grad zweng den bissal Knofö-Mief!
Ja und sogar bei meine Leit
da schaff ma's net durch d' Haustia heit.

Se kriagn an Bsuach, an ganz sensübön,
mia solln eah des net recht vaübön!
So gehn ma hoam, vo all vastoßn,
grad zweng an Knofö in de Soßn!

Und untan Geh, da meldt sih auch
zun Übafluss da Untabauch.
Mei Mann rennt hoam in an Rekoad,
mia tuat er eh a wengerl load.

Mia schlafn ja im selbm Zimma.
In dera Nacht aft leida nimma!

Mei Knofö-Plang is bald vaschwundn,
den hab ih ganz schnö übawundn
und bei da nächstn Grillerei
is gwiss koa Knofö mehr dabei!

# voigas

voindafruahwegga
durthinunddahin
desoderdasundnuhwastoa
umanandaschiaßnwiara
pfitschipfei
voigas
anganzntagvoigas
solangsmataugt
netallwei
iawad

# Blues

Ih hab des Rearade, an Blues,
heit lass ih mih voi hänga,
es ziemt mih frei, ih hab an Schuss,
ih wü gar net dran denga.

De ganze Welt hat was gegn mih,
ih füh mih ganz elendig.
Es gibt nix Schens und irgendwie
macht mih heit nix lebendig.

Es druckt und wiagt mih ganz tiaf drin,
von Gsicht da rinnan d' Bedln;
ganz lautlos tröpfön s' vo mein Kinn
am Tisch und auf de Zedln.

Des san – so denk ih ma und roat,
bei Frauen meist d' Hormone,
wei in mia scho da Wechsl woat.
Ih lebat liaba ohne.

Mein Polsta tränz ih voi auf d' Nacht,
ganz gach hat's mih aft gnuma.
Und in da Fruah wird wieda glacht.
Aft is der Zuastand uma.

# Da neiche Zahn

An Stiftzahn hat da Bertl kriagt,
in weiß, mit Gold, ganz neih,
grad tuat an iawad außa nuh,
er mängelt 'n allwei.

Und z' Weihnachtn san s' eingladn gwen
auf Schwiegamuatta-Bsuach,
in Bertl feigelt s' Zahnderl recht,
er legt 'n in a Tuach.

Und d' Schwiegamuatta, de ramt zsam,
Papierln, Tüachön, mei,
sie mag's net, wann was umaliegt
und drum vahoazt s' alls gleih.

Es zischt und raucht im Ofm drin,
es brennt 's Papier, na klar.
Gach hearst a ganz a leises „Paff",
wei des da Stiftzahn war!

# Haute-Volee

Ih ghear, ih moa ma merkt des eh,
auf gar koan Fall zur „Otvolee",
ih bin net bei da Obaschicht,
den Aufstieg schaff ih sicha nicht!

Mei Sprach, mei Gang und mei Frisua
de passatn durt net dazua,
ih hab koa Gwand von Lagerfeld,
fia des glangt's nia, mei Haushaltsgeld,

Brillantnschmuck und Diadem
san wahrscheinlich recht unbequem
und außerdem mecht ih hiaz fragn:
Wann soll denn ih des Graffö tragn?

Am Ball der „High-Society"
da wartn s' net auf Leit wia mih,
ih muass ganz seltn grad gschpitzt toa
und bin weit mehr wia Haut und Boa!

Ah wann mih d' Faltn iawad giftn,
ih lass mih sicha niamals liftn!
Und bald ih mih in Spüagö schau,
aft lach ih gern und woaß genau

wohin ih ghear und wer ih bin:
Ih hab mein Platz im Lebm drin,
mit all zwoa Fiaß am Bodn – juche!
Und ih ghear net zur „Otvolee"!

## ih mecht gern wissn

iawad mecht ih gern wissn
wo da Herrgott wohnt
wei ih gern hingangat
und eahm fragn mecht

fragn mecht warum

warum dass 's allwei
deselbm Leit daglengt
mit da Not
mit'n Tod
und mit'n Elend
rundumadum

wiaso

vielleicht wissats er
und er kunnt ma des alls erklärn

aft kunnt ih ah wieda leichta glaubm
glaubm dass alls an Sinn hat
was gschiacht
was ma net ändern ka

iawad mecht ih 's gern wissn
awa glaubm hoaßt ja
dass ma nix woaß

und iawad
woaß ih ganz oafach net
was ih glaubm soll

wissn tua ih grad
dass's weidageht
es muass weidageh

und des is des Oanzige
was de Leit
ah wissn

# pvawandtschaft

pvawandtschaft
kamasihnet
aussuacha
awawannmaskunnt
nahmatihma
wiedadesöwe!

# Es brennt

„Es brennt, es brennt!" schreit laut da Meier,
„Geh leck, a Wasser, des wird teier!
Wo is denn hiaz de Feierwehr?
Grad wann ma s' braucht, kimmt s' net daher!

Vor lauter Hitz kimm ih ins Schwitzn
und drin vabrennt ma mei Polizzn!
Vielleicht is s' obmdrei scho vafalln,
wann war denn d' Prämie zun zahln?

Ih wia nuh narrisch, ih flipp aus,
so kimm ih heit um Hof und Haus!"
Da Meier schreit und fluacht und plärrt,
bis dass er wem sein Nam sagn heart.

Es beitlt eahm wer ganz und gar
und reißt 'n an de letztn Haar:
„Wia munta hiaz, du alter Doin,
bon Fernsehgn hättst net schlafm soin!

Es brennt gar net, du hast bled tramt
und d' Brandschadn-Sitzung frei vosamt!
Steh auf und geh zu dein Varein
und zahl durt unsan Beitrag ein!"

So redt d' Frau Meier lang und vü,
aft wird er ruahig und halt sih stü.

„Höllteifö", sagt er, „das war schiach,
wia ih mei Haus so brenna siach!
Des brauch ih wirklih net all Damlung.
Hiaz geh ih knettig in d' Vasammlung!"

# Kaufm

Vor lauta Raarn und volla Freid,
ih moa, so toan de meistn,
da hat er ihr Brillantn kauft,
nur kann er sih's net leistn.

Vor lauta Liab und Übaschwang
da kauft eahm sie a Reise.
Es übasteigt halt ihr Budget
de Luxus-Lebensweise.

Vor lauta Leichtsinn und wei's geht,
da kaufm s' eah a Wohnung.
A Geld gibt's schnö und gheart vatan,
eah Taschl braucht koa Schonung!

Vor lauta Schuidn und Vadruss
da schtengan s' hiaz vorn Richta,
de Liab is weg, es is nix bliebm,
ma siagt's in eahne Gsichta.

Vor lauta Werbungs-Woihstands-Zwang
kimmt's zun Konkurs, zur Scheidung.
Doh net bei uns, da gibt's des net.
Ma lest's halt. In da Zeidung.

# Hin und her

Iawad schiaßt eahm sie
eahnan Buam
wiaran Balln
am Freitag z' Mittag
zuawi

und er
schiaßt ihrn
am Sunntag auf d' Nacht
wieda zruck

und alle
wundan sih
dass sih da Bua
net staad haltn ka
und
wiara Hupfballn
hin und her
schiaßt

# Es beißt

Es juckt oan iawad irgendwo,
ma fiacht scho fast, ma hat an Floh
und tuat sih kratzn oda schern,
gegn 's Beißn muass ma sih halt wehrn!

Es nervt jedoch an Mensch zumeist,
wann's oan ganz hint am Bugö beißt,
wei ja, ma kann sih 's eh scho denga:
In Ruckn kann ma schwar daglenga!

A Glück is's, wannst an Partner hast,
dens d' auf dein Bugö zuawi lasst!
Du sagst eahm's an – links obm, rechts untn
und schnö hat der den Juckreiz gfundn

und obmdrein durchs Kratzn dämpft –
de Beißerei is so bekämpft!
Is awa neamd Vatrauter da
aft wiast ganz sicha radla(b)!

Des Lötzest was so gibt auf Erdn
des san am Körper wo Beschwerdn,
und net fia alls gibt's, was woaß ih
a Puiverl gleich zur Therapie.

Drum gheart in Erste-Hilfe-Kastn,
vorausgsetzt is ganz klar – du hast'n,
der braucht koan Platz und kost net vü:
A Bugökratzer mit an Stü!

## vagessn

ihhabwiedavagessn
dassihsautoputznwoit
eingschtiegn
danigfoahrn
agroßerunde
durinwaldganga
dsöputzt
und
frischelufttankt

bonautodanah
wiedarandreckeinitragn

dawaradsputzn
schowiedarumansunstgwen

# Süchtig!

So mancha merkt – übrigens ganz richtig,
er is nach irgendwas voi süchtig!
De oan san süchtig nach Kaffee,
da tuat oans Mangö iawad weh,

recht vü san süchtig nach an Spoat,
de toan ma frei a wengerl load.
Ja andre raukan wiara Schlot,
de kriagn bekanntlich Atemnot.

Aft gibt's oa, mei mia is de wohl,
de trinkan gern an Alkohol!
Obwoih des, wann's in Grenzn bleibt,
ma net sofort als Sucht beschreibt.
(Oa Achterl oda zwoa, ah drei,
da is ja wirklih nix dabei.)

Nuh bleda als wia Alk und Tschick
is d' Schokolad, wei de macht dick!
A Tafö täglich kannst vadrucka
und nach an guatn Jahr hast Zucka!

Ja, Diabetes is a Hund
und d' Schokolad demnach net gsund.
Fia d' Nervn hüft oan a Konfekt,
da is a Glückshormon vasteckt.

Des merkt ma, iawad schaun oa finsa
und mit Schoklad habm s' gleich an Grinsa!
Bled is de Sucht nach Schokolad,
wei de is ungsund und macht blad.

Gottlob gibt's awa d' Fastnzeit,
da is ma zun Vazicht bereit.
Koan Alkohol fia guat vierzg Tag
san ja fia unsaroan koa Plag.

Nix Siaß's, koan Zucka, koane Tortn
und von da Schokolad koa Sortn,
so schindn sih de guatn Christn,
toan d' Körper und de Seeln ausmistn,

und gfrein se voi auf d' Ostatag,
wei da kriagt jeda, was er mag!
A Bratl mit a gscheitn Fettn,
drei Schnapserl muasst da awinettn,

a Flascherl Wein und a paar Bia,
de kennt ma aft gleih grimmig schia,
und zun Kaffee gibt's Bunggön aft,
wo ma so drei, vier locka schafft.

Und Schoko-Eier ausn Nest,
des san ja sowiaso des Best!
Des Herzerl macht grad „tocktocktock",
da Körper hat an murds an Schock.

Da Mensch, der gwehnt des awa gleih,
wei d' Fastnzeit is aft vabei.
Und mancha merkt danah ganz richtig –
er is scho wieda nach was süchtig!

# griaßn

iawad gegnan da leit
wannst aso dahigehst
und de mehran griaßn
und du griaßt ah
und oa kennst
und de andan kennst net
awa griaßn toan s'

und iawad gegnd da wer
dens d' kennst
awa der griaßt net
der griaßt neama
und du tuast dih awi
obwoihs d' net woaßt
warum der neama griaßt

fragn kannst 'n net leicht
tua da nix an
griaßt'n halt ah net
es bleibm eh nuh allwei
gnua üwa
zun griaßn

## Grausn

Ih hab ma, sagt da Stumma Poid,
grad naling frei an Grausn ghoit!
Da fahr ih, wei ma des so tuat,
am Sunntagvormittag schnö fuat

ins Biazelt umi, auf a Henn,
wei ih an Haufm Leit duat kenn.
Da huckt von Vortag nuh da Huawa,
der schreit ma allwei: „Poid, kimm zuawa!"

Und ih geh umi, sitz mih nieda,
mia is da Huawa ja net zwida,
ih bschtö a Henn und gleih a Bia,
damit ih ah gach lustig wia

und frag in Huawa, wia's eahm geht.
Eahm is des frei a wengerl z' bled,
wei 's Redn strengtn ganz sche a(n),
er is halt neama niacht, der Ma(nn).

„Mia geht's ja eh net gar so schlecht,
was ma vom Wewa net sagn mecht!"
Was hat's, frag ih, is er net gsund?
„Schau awi da – da liegt der Kunt!"

Ih buck mih und schau untan Tisch,
dawei kimmt s' Hendl, knusprig frisch.
An Rumpla tuat's, ma heart an Schroa
und untan Tisch, da liegn hiaz zwoa.

Auf eahna drauf mei Sunntagessn.
Des kann da Huawahund hiaz fressn.
Ih pack mih zsam, valass de Truppm,
dahoam gibt's a Fritattnsuppm.

Ih mag koa Henn mehr, sagt da Poid.
Durt hab ih ma an Grausn ghoit!

# Da Pater Johannes

Es gibt Leit auf dera Welt, an de erinnert ma sih a ganz's Lebm.

De hintalassn an bsundan Eindruck, de kemman oan allwei wieda in Sinn, obwoihs scho lang neama da san.

A so a Mensch war da Pater Johannes, insa Campingpfarra.

Bei uns gibt's drei Campingplätz und in Summa hat insa Wolfganga Pfarra allwei grimmig vü zun toa ghabt. So hat er vo da Diözese Linz a Unterstützung kriagt – in Form von Pater Johannes. Der war übas Jahr in Leobm in an Ordn, awa zun Ferienanfang hat er sein Wohnwagn am Campingplatz bezogn. Sei Stimm hat ma zweitigst gheart und d' Nachbarn habm se gfreit, wann er wieda kemma is.

Alle hat er mit Nam kennt, d' Stammgäst von Campingplatz genauso wia uns, de ma rundum gwohnt habm. Und nachigfragt hat er allwei, wia's de Kinda geht und da Großtant, ob da Hund nuh lebt und ob d' Fisch guat beißn in See. Gfundn hat ma in Johannes meistns in Gastgartn bei da Mitzi – außa es hat gregnt, aft wara in da Gaststubm. Du hast dih gleich dazuasitzn kinna und mit eahm bo an Vierterl Wein üba Gott und de Welt redn kinna. Deine Sorgn warn bo eahm guat aufghobm, seine Ratschläg habm an Sinn ghabt und 's Dischkariern üba d' Kira und in

Herrgott war allwei a Zsamfiahn vo zwoa Seitn auf sei bsundane Art.

Iawad hat er scho hibsch oan sitzn ghabt, awa wannst mit an Problem kemma bist, wara schlagartig wieda niacht.

A weng a Übagwicht hat er ghabt, seine Knia warn scho lädiert und so is er dahingschluafizt. Mit sein offenen Hemad, da kurzn Hosn und bloßfiaßig in de Schlapfm hat er gar net ausgschaut wiara Pfarra – wei ma seltn an geistlichn Herrn so siagt.

Seine Gottesdienste awa warn legendär.

Am Badeplatz bon See war a Holzkreiz und da hat's jedn Sunntag um zehni a Mess gebm. Jeda hat sih an Klappsessl mitgnumma, a Liadabüachö habm ma kriagt und so habm ma aufm See aussigsunga und bet't.

Vo seine Predigtn hast da allwei was mitnehma kinna in Gedankn.

Wann d' Antn vabeigschwumma san und in liturgischn Ablauf gstört habm, hat er s' zsampfiffm: „A Ruah is! Hiaz red ih!"

Und zun Schluss, nachn Segn, hat er allwei abgsammelt fian „Watschinger-Fond", an Missionar in Afrika. Und aft hat's bei da Mitzi an Frühschoppm gebm.

Den meistn Eindruck habm awa seine Ansagn und Botschaftn hintalassn. Auf sein kloan Auto hat er a Megafon am Dachträga montiert ghabt und da hat er gern einigredt:

„Da kloane Michi findt sei Mama neama! Michi-Mama, wo bist denn? Dei Bua sitzt bei da Anmeldung, da wart er auf dih!"

So is er am Campingplatz umanandagfahrn.

Oder sei Sturmwarnung! Wann a wüds Weda angsagt war, hast 'n scho pfeifm gheart durch sein Lautsprecha: „Verwahrt die Mutter und das Kind, denn es kommt ein böser Wind!"

Des Allergrößte warn awa seine Einladungen zu da Sunntagmess!

Umara neini hat's an Gwigiza tan, da hat er 's Megafon eigschalt't und nachad a Aufnahm vo Kiraglockn awalassn. Des war lauta als wia de echtn Wolfganga Kiraglockn.

Und aft is sei Stimm kemma:

„Guten Morgen, liebe Campingfreunde! Hier spricht da Pater Johannes, euer Campingpfarra! Servas Karli, hast scho gfruahstuckt? Wir feiern auch heute wieder Gottesdienst – gumorgn Lotte – wieder Gottesdienst um zehn Uhr am mittleren Badeplatz beim Holzkreuz am See. Hearst Dieter, fahr mit'n Radl zuawi, sunst gibt's a Unglick! Um zehn Uhr am mittleren Badeplatz, wia jedn Sunntag, kimmst eh Willi?

Und nehmts enk was zun Niedasitzn mit!"

Aft hat er seine Kiraglockn wieda eigschaltn und pfiffm – so wia'sn grad gfreit hat.

„Mary, guat schaust aus! Bist grad aufgstandn? Einen wunderschönen guten Morgen! Da Herrgott moant's guat mit uns!

Good morning my friends! Here speaks your Catholic camping priest!"
Und wann ma sih seine englischn Ansagn anglost hat, war oan klar, warum da Pater Johannes mit Nachnam „Deutsch" ghoaßn hat.

„Hearst", hat er gsagt, wiara 's letzte Mal in St. Wolfgang war, „hearst, ih moa mei Herrgott braucht mih obm knettiga als herunt!"
Pfiat dih Johannes.
Vagessn werd ih dih sicha nia.

## Sinn

Du suachst vo irgendwas in Sinn,
an Grund, a Antwort in dir drin,

du findst koa Antwort, grad 's „Wiaso"
und suachst halt weida, woaß Gott wo.

Du fragst in Herrgott, fragst „warum"
und suachst in Büachön umadum.

Du nimmst a Buach ganz inspiriert
und hast as bis zun End studiert.

Am End bist selbm – ganz ohne Witz,
da kimmt dia a Gedanknblitz,

und galing woaßt tiaf in dia drin:
Es hat net alls in Lebm an Sinn.

# Dabobm rama

Wia ih heit so am Dabobm steig
um meine Kistn Weihnachtszeig,
da schreckt's mih und mia wiad ganz schiach
wia ih den Kramastand durt siach!

Da obm da stengan umanand
fünf große Schachtln Faschinggwand
in winzig kloane Kleidagreßn,
des mehra kannst da woih vagessn!

A Häfm fia dreißg Tella Suppm,
danebm da liegt a große Puppm,
an de hab ih gar neama denkt,
de habm s' mein Mann zun Fuchzga gschenkt!

A Sonnenschirm mit Bletschnmusta,
a Kindawagn, a Hirschhornlusta,
an alts Regal, an Haufm Dosn,
mei Wettafleck, a Umstandshosn,

drei riesngroße Biachakistn,
ih wollt s' in Summa scho ausmistn,
a Kearberl voi mit schene Flaschn
und jede Menge alte Taschn,

a naglneicha Weihnachtsma,
den was ih ma nia aufgstöllt ha,
a Couchtisch, da is 's Glas scho hi
und meine altn Langlaufschi!

Sechs ausranschierte Übatöpf,
zwoa Büdln und Indianazöpf,
a Teddybär in Plastiksackö
und Fliesnrestln – nuh drei Packö!

Ih hear mih zu mia selba sagn:
Wer hat des Zeig alls auffatragn?
Da schwör ih ma, geh, halts ma d' Dam,
dass ih nix mehr am Dabobm ram!

# durch dick und dünn

durch dick und dünn
san ma mitanand ganga
auffi und awi
stoanige Wegerl
winzige Durchlass
ducka habm ma uns miassn
bis ma wieda
greha steh habm kinna

a lange Zeit san ma
durch dick und dünn
mitanand ganga

und auf oamal war a Straß da
a schene broate Straß


da habm ma uns
aus de Augn valorn

# Da Traktorsitz

„Es is ma", sagt da Ebmer Fritz,
„scho ganz sche kalt am Traktorsitz!

Ih brauchat schiagoa – ohne Zweifö –
wei sunst is gach mei Gsund bon Teifö,

a Poisterl, ganz a warms, aus Woi,
wei ih mi net vakiahin soi!"

Des heart sei Nachbrin, d' Mina Miaz
und strickt eahm oans, drauf sitzt er hiaz.

Auf rosa, lila – schene Farbm.
In Fritz is's wurscht, wei eahm is warm!

# Bärlauch

's Fruahjahr kimmt und 's Lebm wird bunta,
draußn wird alls grea und munta,
d' Bleamal bliahn und 's Gras spitzt viara,
d' Menschn gehn mit Tupper-Gschiara

hin zun Waldrand auf da Leitn,
wei da wachsn Kostbarkeitn!
Greane Blattln – raue Mengen,
da brauchst netta nuh drum glengen,

Bärlauch hoaßt des Bletschnwer
und ma nimmt's zun Kocha her.
Von dem Greazeig – gar net fad
mach ma uns gleih an Spinat.

Morgn gibt's aft drei Bärlauchstrudln,
dann a Pesto fia de Nudln
und a Aufstrich wird gleih gmacht
ja, den ess ma gegn auf d' Nacht.

Bärlauchknöderl gibt's de Wocha,
Bärlauchspatzerl mecht ih kocha
und a Suppm, ganz a greane,
riacht ma eh scho vo da Ferne!

Bärlauchkas – den gibt's zun kaufm
und a Safterl kunntertst saufm,
des is sicha fia was gsund
und vascheicht da jedn Hund.

Ja, in dera Bärlauchzeit,
habm s' a Fahne, alle Leit,
in de Zähnd san greane Flankerl
vo aso an Bärlauchstankerl

und zur Freude und Erbauung
gibt's a prächtige Verdauung!
Ih bin gar net drauf vasessn.
Ih hab mia an Grausn gessn!

## D'Pappm haltn

Halt deacht dei Pappm
mach in Mund net auf
beiß da netta auf d' Zung
so red ih in Gedankan iawad mit mir selbm!

Wei ih mei Pappm oft net haltn ka
wei ih in Mund z'weit aufreiß
und d' Zung vü z'schnö is.
Da kemman 's Hirn und d' Vanunft iawad z'spat.

„Du" – hab ih gsagt, naling zu oana
„Du kannst toa was d' wüst
und ih ka ma denka was ih wü!"
Des hat aussa miassn.

Und hiaz halt sie ihr Pappm
macht in Mund net auf
und beißt sih auf d' Zung, wann s' mih siagt.
Und ih bin frei a weng froh drüba.

# Höllwirt-Tee

Bon Höllwirt woaß a jeda gwiss,
dass d' Kellnerin recht husig is!
D' Bedienung, ja, de funktioniert,
wann d' Mitzi da is und serviert!

Nach oana Leich is's iawad vü,
weil jeda gach vo ihr was wü!
Da Kirchenchor is stets dafreart,
speziell de Damen, wia ma heart,

de brauchan aft, ma woaß des eh,
gach alle gschwind a Schalerl Tee.
In d' Kuchö schreit d' Maria nua:
„Geh, stö an Häfm Wassa zua!",

dawei des Bia in Glasln lauft
und sie durch d' Gaststubm rennt und schnauft.
Des Wassa siadt, sie nimmt in Topf
und tragt 'n mit an rotn Kopf

in d' Gaststubm und durt macht s' in Tee,
serviert 'n gleih, doh d' Leit sagn: „Wäh!
Den trink ih net, mia graust sogar,
der schmeckt heit komisch, wirklih wahr!"

Da Koch is aus da Kuchö kumma:
„Du hast des gfeilte Wassa gnumma!"
sagt er zua Mitzi a weng gschmalzn.
„Des war fia d' Knedl – und scho gsalzn!"

## Ja natürlich

De heitig Zeit mit Luxus pur
is recht gern „Oans" mit da Natur!
De Stadtleit megn hiaz unsan Lodn
und Landhausstil mit Alpenmodn!

Es fahrt a jeda gern aufs Land,
wei d' Luft bo ins is guat bonand
und 's Wassa – kunntst koa bessas kaufm,
des kannst von See scho direkt saufm!

's Idyll is wirklih fast perfekt,
es hat nur an kloan Gen-Defekt!

Vielleicht, wei sicha kann's neamd wissn,
werdn mia bon Essn a weng bschissn!
Den Rinderwahn und d' Schweinepest,
de habm ma übalebt, als Test,

ah d' Vogögripp, da san ma stur,
mia habm ja eine Rossnatur!
Drum findt ma hiaz im Nudltoag
vom Pferd an Teil, is des net oag?

Im Brot san Haar, wei's bessa halt,
es wird net schimplat und net alt,
und d' Müli, wer s' von Packö trinkt,
wird neama saua, awa stinkt!

Auf da Vapackung stengan sche
vü Nummern drauf, vorn mit an „E",

und wer dahoam 's Vazeichnis hat,
woaß, wöcha Numma a weng schadt!

Des Obst schaut guat aus und es blitzt,
es is halt leida a weng gschpritzt,
und solltst im Winta Erdbeern megn:
De habm bein Wachsn d' Sunn nia gsehgn,

dafia san s' aromatisiert,
was ma bein Einibeißn gschpiat!
De Schweindal kemman aus Fernost,
wei da de Aufzucht fast nix kost,

und durch de ziemlich weite Reise
habm s' ah koa guate Lebensweise.
Natürlich brauch ma des Moderne,
so sagn uns des scho de Konzerne,

und Tatsach is, es braucht neamd schimpfm,
mia lassn uns gegn d' Schädn impfm!
Da Vorteil is – bo ins am Land,
da findst aft doh nuh allerhand,

was d' essn kannst ohne Chemie,
des kriagst im Supermarkt halt nie.
Es kost't aft grad a bissal mehr,
doh woaß ih nachad: Wo is's her!

So ka a jeda, wei's guat schmeckt,
genießn ohne Gen-Defekt
nebm Berg und Wiesn, Wald und See,
ja wei's Idyll – des habm ma eh!

# D`Fini-Tant

## Telefonverbindungen

# *Wer d' Fini-Tant nuh net kennt,*

der solltat a wengal vorsichtig sei bon Einilesn!
Sie gibt's ja net wirklih,
wei so wia sie ka neamd sei.
Alls was ma sih unta schlechte Eignschaftn via-
stöllt – des findt ma bo ihr.
So kriagt s' ah nia an Bsuach oda halt grad ganz
seltn.
Wann s' awa an Kontakt zu andane Leit habm
mechat, aft telefoniert s' gern.
Und alle fiachtn sih a weng,
dass gach 's Telefon läut und d' Fini-Tant dran is.
Außa da Lois.
Des is ihr Ma, der hat sih scho dreigfundn in sei
Schicksal.
Der is s' scho gwehnt.

## D' Fini-Tant und da Nachbar

Ja griaß dih, Nachbar!

Ih bins, d' Fini! Hiaz brauchst grad sagn, du hast mih net kennt an da Stimm!

Damals hast zu mia gsagt: Dei Stimm vagiss ih nia!

Nuja, so oft ruaf ih dih ja net an, gell!

Du, Gang, is d' Poidi dahoam?

Ah net.

Macht ja nix, is ma eh liaba. Ih hab eh neiling gsehgn, dass s' mit'n Hund ganga is.

Ja. Bon Abwaschn, da hab ih zuafällig aussigschaut.

Mei, hast as ah net leicht, Gang.

Nuja, ih hab s' schrei gheart de Tag. Wem? Ja d' Poidi halt. Unvadanks.

Hat ma scho weit gheart, des Gschroa.

Was? Ih bin eh da! Bon Telefon steh ih!

Ja fahr endlich, du Grandscherbm, du alta.

Glachö, bleda.

Na, Gang, na, net du!

Na, ih hab mit'n Lois gredt, der fahrt hiaz ins Altstoffsammözentrum.

Da is er jedn Dienstag in Vormittag. Und in Freitag in Nachmittag ah.

Mia habm so vü zun recycln.

Ja, Glasln, Plastik, Papier und so Zeig.

Na, mia habm koa Tonne.

Nur den gwendlichn Mistküwö.

Awa sunst koane.

Du hast mehra, gell.

De gelbe Tonne, de rote und d' Poidi.

Haha, na des war grad a Scherzerl, na na, des is ma hiaz aussagrutscht, tuat ma load.

Ih woaß eh, dass sie nix dafia kann!

Awa de Mistkübön de vün, de gfalln uns net, de san schiach.

Du, bei a paar Häusa stengan de direkt vorn Eingang! Dauernd! Schiach is des.

Ah, es habts es ah vor da Tia steh? Wirklih?

Na, is ma nuh nia aufgfalln.

Du woaßt, da Lois fahrt ja gern ins Altstoff-sammözentrum. Des is a weng a Abwechslung inta da Wocha in da Pension. Und er hüft ja durt a weng mit. De brauchant'n durt. Ah net.

Was? Fia was?

Fias Bia trinka? Na, zweng an Bia braucht er da net hinfahrn. Des kriagt er dahoam ah.

Was hoaßt des: Zipfa oda Innviertla?

Bia is Bia. Ah net.

Lenk net von Thema ab, Gang, gell!

Ih wollt ja eigentlich nur wissn, ob's enk eh guat geht.

Damals hab ih dia's vasprocha – ih werd allwei a weng schau auf dih.

Jaja, wo die Liebe hinfällt.

Gach dawischt's dih!

Na, d' Poidi is eh a Goidschatz, hättst da's scho lawa dawischn kinna.

Mhm – hast was gsagt, Gang?

Da Hund mag s' ah, gell?

Neilich hat er uns eh wieda zun Zaun zuawitan,
enka Hundi.

Ja, fralih war er des.

Na, da Postla war's net!

Is eh oanding.


Was is'n hiaz mitn Dranbau bo enk?

Ih hab ma denkt, enka Birgit wü einziagn?

Ah net. Hat s' doh nuh oan gfundn.

Nuh, so um de dreißg is des neama so leicht. Vo
da Langbah?

An Lackanpascha? Ja bessa wia gar koana, gell
– haha!

Geh sei net angriaht, ma wird woih nuh an Witz
macha derfn!

Net.

Du Gang, da kimmt d' Poidi, ih siag s' scho zua-
wadackön, in Hund und sie.

Sag ihr an schen Gruaß und aft kemmts wieda
amoi auf an Kaffee.

Auf a guate Nachbarschaft.

Ah net? Wiaso?

Ansteckend? Was is ansteckend? Mei Art?

Du wüllst net, dass sih d' Poidi bo mia ansteckt?
Was?

Des is allahand vo dia. So redt ma net mit seina
Jugendliebe, du Depp du.

Geh bleibts wo's seids, ös Loamsiada.

Bagasch. Tonnenparadies.

Des hab ih wieda not ghabt.

Da is ma ja da Lois nuh liawa!

# D' Fini-Tant und da Intendant

Grüß Gott, Herr Intendant, grüß Gott!
Mei ih sag Eahnas, des is ja gar net so oafach,
dass ma Ihna daglengt! Erreicht.
Wer da spricht? Ahso, ja freilih, Sie kennan mih
ja nuh net!
Ih bin d' Fini, also die Josefine Obereder ausn
Salzkammerguat, da, wo's bsunders sche is und –
Ahso, ja also ih ruafat zweng an Programm an!
Also Ihna Senda is wirklih fesch!
Ih halt de andern Senda mit eahnan Getüdl und
den Schlagakas gar neama aus.
Bitte sehr, Herr Intendant, bitte sehr!
Na, wei so a klassische Musi hat scho was. Ih bin
ah mehras da klassische Typ, also a weng älter
und mia gfallt oafach des Klassische.
Ja bitte, gern gschehgn, na wartn S' nuh Herr
Intendant, ih wollt scho nuh was fragn!
Ih hab nämlich ein kleines Problem!
Neilich war da auf Ihrem Senda so a – a Lärm,
also da hab ih glaubt, mei Radio is hin!
Da hat nix mehr zsampasst und aus de Laut-
sprecha hat's pfiffm und gscheppert und da hab
ih zu mein Mann gsagt: „Du, Lois, da Radio is
hin!"
Na, wartn S', Herr Intendant, wartn S'!

Da Radiomechanika hat sih 'n angschaut und gmoant, der hat nix!

Und wiari'n dahoam hiaz vor oana Stund wieda eingschalt hab, tuat a wieda so!

Vielleicht habm Sie a hinige CD im Senda?

Ah net. Mhm. Zwölftonmusik.

Sie, ih kenn vü Musik mit mehra Töne als wia zwölf, awa de tuat net so falsch.

Des klingt, wia wann de zwoa Nachbarsdirndln mit da Blockflötn und mit da Geign übm.

Und dass Sie vielleicht a so a Anfangsorchesta dawischt habm, de's net gscheit kinna hat?

Ah net. Mhm. Des gheart aso. Und wer lost sih denn des an? Wer hört sich das an?

Ahso. Modern.

Awa klassisch is des net, gell! Wei klassisch is was Alts und des is oafach klass.

Klass kummt vo klassisch glaub ih! Ah net.

Awa ih los ma des hiaz neama an! Wei ih hab a Musigehear und des tuat meine Ehrln weh. Meine Ohren! Spün S' doh halt wieda mehra in – wia hoaßt der mit'n Fisch, mit da Forelln?

Ja, in Schubert, sche is des!

Oda in Vögöfanga, de nette Gschicht von Mozart, da vo den mit da Flötn.

Des klingt. Ja, das klinget so herrlich! Da zhebt's oan net d' Ehrln! Die Ohren!

Und des werdn S' ma net zahln, gell, was da Radiomechanika fias Anschaun valangt hat?

San ah fuchzehn Euro.
Ah net. Aba Sie kunntn. Eahna tarat's net weh.

Hallo, Herr Intendant, hallo – hiaz hat a ma aufglegt.
Meina Seel, ma wird wohl nuh fragn derfm.
Deppate Musi. Zwölfton oda was. Hättn s' halt de falschn aussatan.
Geh Lois, tua uns eini de CD vo de Zillertaler, de is gscheita!

# D' Fini-Tant und da Dokta

Grüß Gott, Herr Dokta!
Ja, ih hab scho a paar Mal angruafm. Es pressiert
a weng.
Na, ih bin net da Patient, ih bin d' Fini. D' Ober-
eder. Na, ih bin net krank.
Unkraut vageht net, Herr Dokta, genau, haha,
wia S' sagn!
Macht ja nix, na passt scho! Haha.
Na, mei Mann is net ganz gsund.
Nuja, eigentlich is er krank, der Lois. Glaub ih.
Ih hab eahm eh scho a paar Tablettn gebm.
Was fia oa? Ja, was ih halt dahoam ghabt hab.
Hausmittl. Wissn S', alls was ih so im Haus hab
– des san Hausmittl.
Drum hoaßn s' ja ah so.
Ah net. Macht ja nix.
Fia was de san? Na Se san guat! Des miassn scho
Se wissen, fia was de san, Se san ja da Dokta!
Ah net. Na, ih woaß neama, wia de ghoaßn habm.
Aba er hat s' brav gnumma, da Lois.
Na, es geht eahm net bessa.
Was er hat? Ja, des woaß ih halt net, drum ruaf
ih ja an!
Des wollt ih ja Eahna fragn, Herr Dokta!
Asso. Ja, also a Fiaba werd er scho ghabt habm,
zerscht.
Na, sunst hat er nia oans. Werd d' Gripp sein,
gell?
Ah net. Aba sein kunnt's scho.

82

Da is hiaz des Packö, des ih eahm gebm hab –
ja genau, Packömed!

Ja, da gib ih eahm allwei a zwoa, a drei, aft
schlaft er voi guat. Und lang.

Da tuat eahm nix weh.

Ja. Und wann er wieda munta wird, aft gib ih
eahm halt wieda oa von den Packö. Med.

Ah net.

Ja 500 san da drin. 500 steht obm. Da muass ma
net so gschparig sei.

Asso. Zvü.

Was is mit an Taxi? Kemman S' leicht gleih,
Herr Dokta? Mit an Taxi?

Abà des zahl ih net, des Taxi! Ah net. Habm S'
net Taxi gsagt?

Toxi habm S' gsagt? Intoxikation? Nana, des hat
er sicha net, da Lois, des kenn ih net.

Na, aba hiaz nah drei Tag, da reißt'sn allwei a
weng, wann –

Was? Wann ih ins Zimma kimm? Na, Se san
vielleicht lustig. Witzig. Ja.

Da macht ma koan Witz, wann's wem so schlecht
geht!

Es beitlt 'n so grimmig her. Ohne Fiaba.

Hau, friahra hat eahm des ah nia was tan.

Ih hab eahm's iawad ins Bia einitan. Aft is er
neama furtgfahrn.

Da is er miad wordn. Na, des tuat eahm nix!

Was brocha? Na, er hat sih nix brocha. Alls nuh
ganz. Obwoih er gestern ausn Bett gfalln is.

Asso gschpiebm. Ja, des scho. Scho a paar Mal.

In Kübö.

Na, aufs Klo kimmt er neama. Er is scho so schwach.

Ja, wanns 'n so herbeitlt! Des sag ih ja eh scho de ganze Zeit!

Kemman S' halt vabei, Herr Dokta!

Mia san hiaz de Packön ausganga.

Ah net.

Was? A Vagiftung?

Sie, ih koch anständig, gelln S', fia mein Lois! Ih hab a guate Kuchö, da kinnan S' 'n scho fragn!

Na, hiaz grad net. Er redt net vü im Moment.

Was? Medikamentenvagiftung? Intoxidings? Geh, geh, na so a Bledsinn!

De warn sicha nuh net abglaufm, de kauf ih allwei frisch nachi!

Was? Na na, Sie, Herr Dokta, Sie habm hiaz Sprechstunde, des woaß ih!

Und eine Sprechstunde, de is zun Sprechen da, also redn S' mit mir!

Ih woaß ja neama, was ih toan sollt!

Was hab ih? Logorrhö? Ih hab nix. Was is'n des? Is des gfährlich?

Fia de andern? Sprechdurchfall?

Sie, gelln S', hiaz!

Na, d' Rettung brauch ma net! Nein!

Was hoaßt da, es sitzt oana in da Ordi und wart? Ih ruaf an, Se solln ma helfm!

Na, koa Rettung! Wiaso d' Polizei?

Gemeingefährlich? Ih?

Hallo!

Ja, aft legst halt auf, du weißkopfata Aff.

Des sollt a Sprechstund sei – dass ih net lach!

Ma, da hab ih eh nuh Tablettn. Mexabren.
Voltaglen.

Hau, de gib ih eahm hiaz, in Lois, der is allwei
nuh wordn.

Mia brauchan koan Dokta.

De Götter in Weiß. Kennan sih eh net aus.

Und wannst as brauchst, habm s' koa Zeit.

Lois, ih kimm scho! Ih nimm da a Bia mit, gell!

# D' Fini-Tant und de Zuagroastn

Obereder!

Ja, des bin ih. Ja, Josefine.

Und wer san Se? Silbermaier. Kenn ih net.

Verkaufm werdn S' ma nix, gell, wei ih brauch nix.

Mei Silber ghalt ih ma, Frau Silbermaier!

Nachbarn? Ahso – ös habts in Züllner Schurl sei Haus kauft!

Ja, ih hab eahna eh scho iawad in Gartn grechtln gsehgn. Umanda trettln.

Also – ich hab Sie im Garten arbeiten gesehen! Habts den schen Kriacherlbam umgschnittn, ewig schad!

Da habm ma vom Schurl allwei d' Kriacherl kriagt fia d' Marmelad!

Des is vabei. Awa vielleicht pflanzts ös ja an Marillnbam, warad ah guat. Ah net.

Vo wo kemmts denn her? Attnang- Puchheim. Fesch.

Landla. Zussara. Is scho sche da bo ins, gell!

Da gfallts enk, de Berg, da Wald, da See, des seids ja ös net so gwehnt!

Ja, das habt ihr dorten nicht so, wo ihr her-kommts!

Und voschteh toats mih ah net gscheit, kinnts nuh net Deitsch, gell! Ah so. Haha!

A Einstandsfest gibt's – ja nett! Und mia san eingladn, mei Mann und ih?

Ja, danke, des is reizend!

Gibt's a Buffet? Ah net.

Kochts selbm. Macht ja nix.

Da Mann kocht gern.

Na, mein Mann kocht net, ih lass ma doh vo eahm net mei Kuchö andreckön!

Wia kocht eahna Mann? Kindisch? Ah indisch!

Indisch kocht da Mann!

Kann er nix Gscheits? Is er leicht aus Indien – ein Inder?

Aus Deutschland gebürtig, aha. A Preiß.

Wollt ih allwei scho in da Nachbarschaft habm. An Preißn.

Da geht's zackzack, Frau Silbermaier, gell! San Se ah vo durt? Ah net.

Aus Wien – geborn und aufgwachsn.

Macht ja nix.

Ja, mia kemman, zackzack, habt Acht!

Am Samstag san ma da!


Mitbringa? Soin ma nuh wem mitnehma? Net.

Was? Was Süßes? Mitnehma?

Ih bin eh siaß gnua!

Da kann ma leicht wem einladna, wann de 's Zeig selbm mitnehma miassn!

Was? Na, ih hab nix gsagt, nana, grad laut denkt.

Ih bring meine Kekserl mit, ih hab so Spezialkeks. Zun Knabbern!

Kemman de drentan Nachbarn ah?

Ah net. Kinnans net. Schad. Was?

Ob ih de Fini kenn? Wiaso? Aha.

Wann d' Fini kimmt, kemman de net. Aft solln
s' dahoam bleibm. Gsod.

Ih hoaß Fini, Frau Goldberger! Silbermaier.
Na, sunst gibt's koane da rundumadum.
Mih gibt's koa zweits Mal.
Na, des kinnan Se ja net wissn.
Als Zuagroasta woaß ma vü net. Als Zugezogener!
No, a Einbürgerungsfest wird's net werdn.
D' Staatsbürgerschaft kriagt ma gschwinda.
Zuagroast bleibt zuagroast.
Mia habm ah unsan Stolz.
Da kunnt ja aniada kemma!
Und an schen Gruaß an den Inda.
Also an den Gatten.
Mia gfrein uns scho. Wiedaschaun. Pfiat eahna!

Lois! Lois! Hoi auffa den Wein, den Fusl von
Kella und de altn Weihnachtskeks.
Mia san am Samstag bo de zuagroastn Nachbarn
eingladn.

# D'Fini-Tant und 's Waidmannsheil

Griaß dih, Toni! Bin ih da eh bon Jaga Toni?
Genau, ja, ih bin's.

Na, wiaso kennst mih denn du gleih? Was? Ahso.
Du, Waidmannsheil, wollt ih dir sagn, Waid-
mannsheil!

Zweng was?

Ja, wei's tuscht hat grad neilich! An Schuss hast
tan, werst woih ah was troffm habm, oda?

Ah net. Hast nix troffm. Macht ja nix.

Was – gschossn hast ah net?

Nanana, wer werd denn aft gschossn habm?
Woaßt du des?

Ah net.

Na. Na, des war koa hiniger Auspuff! Ih woaß
scho, wiara Schuss tuat, gell!

Wiaso?

Ja, wei ma des halt woaß da in insana Gegnd!
Was? Ih?

Na, meina Lebtag hab ih nia an Schuss tan!

Ih moa, du hast selbm a weng an Schuss, Tonerl!
Ih deacht net.

Na und da Lois ah net.

Geh bitte, mia habm ja gar koan Stutzn. Na, mia
san komplett waffmlos!

Was hoaßt da, mei Mundwerk is ah …?

Du gell, Toni, sei net goschert!

Ih kenn dih scho so lang, da hast nuh in
Windlpack hint obm ghabt, da brauchst ma net
so gschnappert kemma.

Na, mia habm nia. Dass d' grad dran denka magst!

Des Wüdfleisch, was ma iawad essn?

Des moanst?

Ja mei, iawad dafiaht ma halt was mit'n Auto. Des kann scho amoi passiern.

Und da Lois nimmt's halt mit hoam, dass net nuh wer drübafahrt, wird ja gleih so ausschauat auf da Straßn. Und da Jaga muass net extra ausrucka, werd da wohl nix macha.

Warad ja schad ums Fleischerl!

Ah des derf ma net?

Seit wann? Geh? Wirklih!

Na, des habma net gwisst. Ja, ih sag's in Lois. Mhm.

Na, mia toan ja d' Viechal allwei so load, ih kunnt ja übahaupt koan Viech was toan.

Scheiß Fliagn, deppate!

Na, a Fliagn hab ih daschlagn. De fliagt ma hiaz neama ins Kaffeehäferl eini.

Ja, wannst du ah nix woaßt, Toni, du miassatst as ja wissn.

Da, hiaz hat's wieda tuscht! Des war a Schuss, den muasst hiaz ah gheart habm!

Ja, hibsch in da Gleim, oda?

Ja, geh na schau, ih muass eh aufhörn, ih hear in Lois.

Herrschaftsseitn eini – Toni pfiat dih nachad, ja, kimmst amoi vabei auf a Bia, gell, schen Gruaß an dei Frau! Pfiat dih! Ja, ih sag da's wann ih was woaß!

Ja spinnst denn du komplett, ha, Ma!
Wannst ma's du net sagst vorher, ih dawiag dih
nexts Mal!
Putz dih und tua des blede Viech in d'Waschkuchö
intan Wäschhaufm!
Da Jaga Toni kimmt aft auf a Bia vabei!
A so a bleda Glachö. Sagt koan Fotz voll.
Um alls muass ih mih selba kümmern.

# D' Fini-Tant und 's Klassntreffm

Ja griaß dih, Fani!

Na, es gibt nix Neichs, ih wollt grad nuh amoi Danksche sagn, dass d' mih nachn Klassntreffm naling hoamgfiaht hast! Danksche, gell!

Gschmah war's mit de Dirndln wieda, mhm, na wirklih! San echt lauta liabe Leit!

Nuja, a paar habm sih scho vaändert, de san scho älter wordn!

Geh, d' Tschenny! Is des alloa saudeppert, dass sie sih nuh Tschenny nennt in ihrn Alter!

De rennt ja dauernd ins Solarium! Was hoaßt, des passt ihr guat? Geh, de schaut ja deacht aus wiara daschrumpöta Ledaäpfe! Grauenvoll!

Mia san ja net bo de Indianer!

Geh hear ma auf! Und de 34er Größ – des is erscht lächerlich!

Da is ja mei Putzfetzn größa wia dera ihr Kittl! Na, ausgschamt!

Aba a Geld hat er, da Tschenny ihr Mann! Der kann sih's herrichtn wiara mecht.

D' Nasn, moan ih, hat s' ah neich.

Ah net. Is eh wurscht.

Was hoaßt, bist neidig? So a Bledsinn, na Fani, na wirklih, so mecht ih net ausschau!

Geh, fang du hiaz mit da Luise an!

Ein Vorbild! Ja genau, wia insa Kooperator gsagt hat: „Die Luise, ein Hort der Tugend!"

So a Schaaß! Ein Hort der Tugend!

Netta wei s' allwei so hochgschlossene weiße Bluserl anghabt hat! Dass ih net lach!

Da san ja damals scho d' Manna Schlang gschtandn vor ihrn Fensta. Tugend – ha!

Ah net. Hat sih s' abgwehrt. Macht ja nix. Selbm schuid, wann s' so bled is.

Aft hätt s' eh ins Klosta ah geh kinna.

Ah, da is s' eh. Aha. Na, hab ih net gwisst.

Ja, d' Bluserl hat s' nuh allwei.

Und wiaso hat s' koa Kuttn? Dritter Ordn. Jasso.

Habm sie s' bo de andern zwoa aussighaut, ha?

Eh wurscht, mih geht's ja nix an.

Klosterfrau Luisengeist – haha!

Awa d' Frieda hätt ih frei neama kennt! Wia de ausn Leim ganga is!

De schaut ja aus wia's Mischlö-Mandl! Servas Gschäft, is de dick wordn!

Geh, ih hab weit net so vü zuagnumma, Fani, nanana!

Mia passn d' Kleidaschiazn von 88er-Jahr allwei nuh, gell!

Und d' Susi! Na de halt! „Besuchts mich doch amal im Schwarzwald!" So was deppats!

De tat sche schau, wann ma gach dastandn!

Ah net. Du warst scho bei ihr. Na wirklih.

Hat si's sche. Fesch. Is eh recht.

Na, mia fahrn sicha net hin, da Lois mag neama so weit fahrn.

Und da Schwarzwald interessiert uns ah net.

Bei uns is da Wald grea.

Des is sicha schena als wia a so a Schwarzwald.
Und wüavü Enkerl hat hiaz d' Hilde? 17? Na
dass's des gibt! Awa da werd sie sih de Namen
vo ihre Ahnlkinda net damerka kinna, d' Hilde
hat allwei scho a schlechts Namensgedächtnis
ghabt. Zu mia hat s' naling dauernd Loisi gsagt.
Was? Wei sih da Lois und ih scho a wengerl
z'gleih sehgn?

So a Bledsinn! Na, du redst vielleicht an Bledsinn
daher! Hast du in Lois vielleicht scho amoi mit
an Kopftüchö gsehgn? Ah net. Na also!

Und d' Moni! De hat ja ihr Pappm den ganzn
Tag net aufgmacht. Grad glost hat s' allwei –
und hintnachi werd s' uns aft ausrichtn, ih hear
s' scho, wia s' –

Ah net. Depressionen. Hau, da kann ma ah nix
macha.

Du, Fani, awa gschmah war's, gell! Na, wirklih
nett. Ih moa, des blede Gfrieß vo da Trudi hätt
ih net sehgn miassn, awa ma kann sih net mit
alle vasteh.

Mia habm ja damals wirklih scho so eine gute
Klassngemeinschaft ghabt.

Übahaupt wia aft d' Inge wegzogn is. Mia habm
uns alle allwei so guat vastandn.

Ja, gell, scho!

Und nuh amol Danksche fias Mitnehma, Fani!

Wei mit da Hanni wollt ih neama fahrn, de hat
ja wieda so einen Dampf ghabt!

Dera schmeckt's ganz sche! Prost, Mahlzeit!
Du, ih muass aufhearn, ih moa in Lois hat's
zerscht gschmissn. Der schreit allwei.
(Ih kimm scho, du wehleidiga Kampö!)
Aft pfiat dih, Fani, mia sehgn uns eh morgn in
da Kiacha!
Pfiat dih nachad, pfiat dih!

# Wann
# Weihnachtn
# kimmt

# Grad so soll d' Weihnacht wern

Mit großa Freid
in d' Weihnachtszeit
dass 's Herz an Hupfa macht.
Mit Andacht, Ruah
und Gschpia dazua
fia de so bsundre Nacht.


Mit Liachta, Stern
und Holzlatern
von Weihrauch riacht scho d' Luft.
Mit hoamlich Toa
vo Groß und Kloa
und Tannareisa-Duft.


Mit Kerznschei
und Singarei
es leucht uns all a Stern.
Mit Hoffnung, froh
und 's Kind am Stroh,
grad so soll d' Weihnacht wern.

## Was sih d' Leit so auf Weihnachtn wünschn

Sie wünscht sih,
dass d' Schwiegamuatta üba Weihnachtn
nach Teneriffa fliagt.

Er wünscht sih,
dass sei Frau grad nuh fünf Sortn Keks bacht
zweng ihre Nervm.

Sie wünscht sih,
dass ihr er wieda amoi sagt
wia gern dara s' hat.

Er wünscht sih,
dass er net allwei vo ihrn Putzfetzn
vafoigt wird.

Sie wünscht sih,
dass er's gschpiat und merkt,
was s' gern mecht.

Er wünscht sih
a Ruah und an Friedn und
a weng a Gmiatlichkeit.

Sie wünscht sih,
dass er oamal grad mit ihr in Adventmarkt
und Schaufensta schau geht.

Und wann sa sih's gegnseitig sagatn,
was sie sih wünschn,
aft kriagatn s' vielleicht doh
„Frohe Weihnachtn"!

## Wann wer

Und wann wer
den allerschenstn Christbam dahoam steh hat,
aft hoaßt des nuh lang net,
dass genau der
de allerschenstn Weihnachtn feiert.

Und wann wer
de allergrößtn Geschenke kriagt,
aft hoaßt des nuh lang net,
dass genau der
de allergrößte Freid hat z' Weihnachtn.

Und wann wer
des allerbeste Essn macht,
aft hoaßt des nuh lang net,
dass genau der
des allerbeste Weihnachtsfest dalebt.

Am allerschenstn, am allergreßtn und
am allerbestn
hat's wahrscheinlich der,
der's net so nennt.
Der's net drauf anlegt.
Der net in Christbam,
net de Geschenke
und net 's Essn in Vordagrund stöllt.

Frahlih spüt des alls mit und es gheart dazua.
Awa wirklih zöhn tuat des,
wannst Leit hast,
des d' am allermeistn gern hast
und wannst de
z' Weihnachtn zuawadrucka kannst.

Wei doh d' Liab
z' Weihnachtn
auf d' Welt kemma is.

# *wo gangatst du hin*

wo gangatst denn du hin
wann s' dih durt
wosd dahoam bist
neama braucha kinnan

wo gangatst denn du hin
wann s' durt
wosd dahoam bist
an kriag habm

wo gangatst du hin
wann gschossn wird
wann's bo dir und bo deine kinda
ums lebm geht
ums übalebm

wann dei haus brennt
und wann's durt
wosd dahoam bist
nirgends mehr a sichaheit gibt

wo gangatst du hin

ih moan ih gangat weit furt
ih nahmat mei familie
und schauat
dass ma weidakemman

ih tarat alls
damit ma übalebm
und dass ma
bonanda bleibm kinnan

wo gangat ih hin

ih gangat durt hin
wo's an friedn gibt
wo's a sichaheit gibt
in a land
wo ma nachn übalebm
lebm ka

und ih hoffert woih
dass oan de leit
durt wo ih hingangat
aufnehman
und annehman
bon herbergsuacha

wo gangatst denn du hin

# Weihnachtn wia friahra

Meina Seel, heart ma iawad in da Zeit rund um Weihnachtn wem sagn, meina Seel, z' Weihnachtn is gar nix mehr so wia friahra.
Friahra war's halt nuh sche.
Heit is des alls neama so.
Na, heit is des alls neama so wia friahra.
In de Jahr nachn Kriag habm sih's d' Leit zsamschau miassn, dass fia d' Kinda a Paarl Söckö oda gar Schuach untan Christbam glegn san.
Wann's übahaupt oan dalittn hat, an Bam.
Und zu de Feiatag hat's möglichaweis a Bröckö Fleisch gebm oda an Speck.
Und alle warn dankbar und habm sih gfreit.
Sogar d' Kinda.
De schauatn heit sche, wann s' a Paarl Söckön kriagatn und sunst nix.
Und wann s' aft nuh z' Fuaß a fünf, a sechs Kilometa in d' Mettn geh miassatn.
Uijegerl, des mecht ih net ausprobiern!
De Zeitn san ganz anders wordn. Ganz anders.
Gott sei Dank!
Und grad z' Weihnachtn: Gott sei Dank!
Mia miassn uns neama rantn, ob ma uns was bsundas Guats zun essn leistn kinnan.
Und d' Geschenke?

Des kinna ma ah selbm bestimma, wüavü Geld ma ausgebm wolln und fia was.

Des muass jeda selbm wissn.

Und des Gschturi und in Kned vor Weihnachtn muass ma sih ah net antoa.

Jeda der mittuat is selbm schuid.

Und alle, de sagn, „Friahra war Weihnachtn weit schena", de habm vagessn, was fiar a Not rundumadum gwen is.

Da mecht ih net tauschn!

Wia sche deine Weihnachtn san, des bestimmst ah selbm.

Unsane letztn warn grimmig sche.

Se warn net so wia friahra.

Friahra warn d' Kinda kloa.

Heit san s' erwachsn.

Und wann s' zu da Gitarr bo de altn Liada mitsingan, in Großvatern zualosn, wia er 's Weihnachtsevangelium vialest und wann s' da Oma sagn, dass eah der Text voi gfallt, den was sie glesn hat, aft mecht ih nix andas habm als wia genau des Weihnachtn, wia ma's ghabt habm.

Des denk ih ma eigentlich eh jeds Jahr.

All Jahr a weng anders, net wia friahra.

Awa all Jahr wieda was Bsunders!

## Nuh a wengal

Nuh a wengal Keksal bacha
nuh a wengal „Deko" macha
gschwind de Kastln aussiputzn
und de Zeit fias Shoppm nutzn.

Nuh a weng durch d' Wohnung zischn
und a wengal Bodn aufwischn
ja net gmiatlich sitzn bleibm
lange Einkaufslistn schreibm.

Nuh a wengal Geld vatragn
üban Weihnachtsstress beklagn
knettig wo Geschenke kaufm
hudln, tummön, awiraufm.

Lass dih net von Trubö fanga
sammö eigene Gedanga
suach des Liacht, des in dia brennt.
Mach was draus – aus dein Advent!

# Bacha und Büdln

Es gibt Leit, de bachan net.
Es gibt Leit, de bachan vor Weihnachtn koane Keks.
Koa oanzigs.
Net oa Sortn.
Ih kenn solchane Leit!
Ih ghear nämlich ah dazua. Ja. Ih ah.
Koa oanzigs Keks bach ih.
Wei ih eh so scho ausn Leim geh und des siaße Zeig net gsund is.
Mei Mann mag s' net so gern und d' Buam scho z'erscht net. Fia de miassat ih Wurschtkeks macha. Oda Kaskeks.
Wann ih awa aft amol wo hinkimm, wo's Kekserl gibt, da kost ih s' scho.
Schaun ja ah guat aus – de mehran.
Und bei alle Leit schmeckan s' anders.
Da Nachbarin ihre san ihr ah wieda was wordn, vo da Muatta ihre Vanillekipferl kriag ih alle Jahr a Sackerl, wei s' ma so schmeckan und mei Freindin schenkt ma allwei an Riesntella aus ihrn Sortiment.
Da kimm ih aus.
Awa de greßte Auswahl gibt's bon Koihmann, des is der Baua gleih in insana Nahat.
Und da trag ih mit da Nachbarin all Jahr
am 12. Dezember d' Latern und 's Herbergbüdl umi.

Des is a alta Brauch, des Büdl in a anders Haus tragn. Da tua ih gern mit.

Warm anglegt san ma vorings Jahr durin Schnee zun Koihmann gwatn.

Sie mitn Büdl, ih mit da Latern.

Und kaam hamma klopft durtn, hat s' uns scho auftan:

„Ah, 's Büdl is da, kemmts na eina!"

„Na, mia wolln da koan Dreck einatragn und mia san eh scho so miad und übahaupt", habm mia gsagt.

„Lassts enk net so bittn, gehts eina, lassts d' Schuach an und sitzts enk zuawa zun Tisch!" hat sie gsagt.

Ja, und wei ma net so sein ka, habm ma halt gfoligt.

Mei, wia's da guat gschmeckt hat!

D' Nussbusserl san auf da Anricht gstandn und da Spanische Wind is grad in Ofm trickat.

„Wollts leicht kostn?", hat s' uns gfragt, d' Koihmannin.

Nuja, aft habm ma halt a weng kost.

Und gach hat s' an ganzn Tella gholt – mit alle Sortn, de s' scho bacha hat.

Des warn ganz sche vü.

Durt a weng und da a weng.

Und aft hab ih ihr vo da Eisschoklad dazöht, de mei Godn allwei gmacht hat.

„Ha", hat s' gsagt, d' Koihmannin, „ a soichane hab ih ah! Ih hol enkas gleih!"

Dawei habm mia bon Tella a weng weidagessn.
Und aft bo da Eisschoklad.
„Ma, guat und mhm und fei!" habm ma
zwischndurch allwei gsagt.
Bis ma neama kinna habm.
Und ihr hat's load tan, dass s' nuh koane Vanille-
kipferl ghabt hat.
Awa de kriag ih eh wieda vo da Mama. Hoffentlich.
Ja, des Büdltragn is a schena Brauch.
Mia schaun, dass er net abkimmt.
Net so wia bei manche Leit 's Keksbacha!

# Weihnachtsstimmung

Mei Weihnachtsstimmung is dahi(n),
ih hab s' heit nuh net gfundn,
es is koa wirklih guata Tag,
mei Gmiat hängt ganz weit untn.

Bon Nachbarn toan s' scho Keks vaziarn,
ih sollt de mein erscht bacha.
Es gfreit mih awa leida net
und Packerl sollt ih macha.

Da Weihrauch stinkt heit mehr wia Koihn,
es trestan meine Taxn.
D' Latern is ma grad awigfalln,
wia Blei san meine Haxn.

Da läut's gach bo da Haustia unt,
es kimmt wer auf an Brachta.
Hat an Likör zun Kostn mit
und bald drauf gibt's a Glachta.

A Kerzerl zünd ma an und schau:
Mei Stimmung kimmt scho wieda!
Ma braucht deacht grad a kloane Freid,
aft is ma neama zwida!

# Iawad vasteh ih d 'Leit net

Iawad vasteh ih d' Welt net und
iawad vasteh ih d' Leit net.

In da Welt kann ma sowiaso net alls vasteh
und glaubm kann ma des mehra ah net.
Awa d' Leit,
de Leit, de rund um mih
und rund um dih dahoam san,
de, hätt ih gmoant,
de kunnt ma leicht vasteh.
Wei s' so san wia du und ih.
Sans awa net. Iawad.
Und grad um de Zeit vor de Weihnachtstag
dawischt's vü.
Da wird eah alls zvü.

Da oa schreit mit seine Kinda
und de wissn net warum.
De oa spinnt auf oamal wiara fuchzehna Steira
und hängt sih a Gfriß ei
und neamd woaß warum.
Da oa sauft sih nieda und
traktiert sei Frau und sei Familie.

Da is aft de Freid auf Weihnachtn net gar so groß.
Und iawad oa firichtn sih scho a ganz Jahr drauf.
Aufs Fest von Friedn und von da Freid und von
da Liab.

Ja, iawad vasteh ih d' Leit net.
Wei sa sih selbm net mögn.
Und wann ma sih selbm net mag,
kann ma ah neamd andern mögn.
Net amoi 's Christkind.

Dawei warad's so oafach –
oafach und sche,
mit Liab und Freid und Friedn
Weihnachtn feiern.

Und wann des alle Leit wieda bessa vastandn,
aft kunnt ma eppan d' Welt
ah wieda a weng vasteh.
Z' Weihnachtn.

# *Mundartwörter-Quiz!*

Was ist die Bedeutung von:

A) **„Gwandtagang"**
- o   Fronleichnamsprozession
- o   Umzug der Goldhaubenfrauen und des Trachtenvereins
- o   Balkon eines Bauernhauses
- o   Alter Ausdruck für Modeschau

B) **„Fuaßwoll"**
- o   Schafwollsocken
- o   Pilzerkrankung der Füße und Zehen
- o   Haare auf den Beinen
- o   gemähte Wiese unter Obstbäumen

C) **„Fiachta"**
- o   Fichtenholz
- o   Krampus
- o   Schürze
- o   Fiaker

D) **„Minaseel"**
- o   Müllerseele
- o   Müllers  Ohr
- o   die grüne Minna (Zeiserlwagen)
- o   Mönichsee

E) „Lettig"
- o voller Lehm
- o ledig
- o alleine, pur
- o eilig

F) „Zega"
- o Korb
- o Zecke
- o Laib  Brot
- o Zehen

G) „Pfachtl"
- o Hemd
- o Arbeitsablauf durchschauen
- o Verdauungsprobleme (Blähungen)
- o großer Vorschlaghammer

H) „Turl"
- o kleine Tür
- o viel Schwung und Energie
- o Musikinstrument
- o Vorratskammer hinter der Küche

# Was hoaßt denn des?

| | |
|---|---|
| *abzogn, abziagn* | ausgezogen, bzw. auszuziehen (Gewand, Schuhe) |
| *Ah* | Ache, Fluss |
| *an Eichtl* | eine Weile |
| *an etla* | einige |
| *anglegt* | angezogen |
| *awinettn* | bei völliger Sattheit noch etwas zu sich nehmen |
| *Bedln* | Tränen |
| *Brachta* | Gespräch |
| *bobmscheich* | bodenscheu (zu kurz) |
| *Bunggö* | Kuchen |
| *Dabobm* | Dachboden |
| *dafecht* | erbettelt, erkämpft |
| *dalittn, hat's net* | war nicht leistbar |
| *Damlung, all* | immer, öfter |
| *dawoaggt* | eingeweicht |
| *eh Zeit* | rechtzeitig |
| *finsa* | finster |
| *galing, gach* | plötzlich |
| *gegnan* | begegnen |
| *glankön* | wackeln |
| *Gleim, in da* | in der Nähe |
| *Gmoala* | Gemeindearbeiter |
| *gfeit* | gefehlt |
| *Gfleda* | Lärm, Geschrei |
| *grechtln* | kleinere – meist sinnvolle – Tätigkeiten verrichten |
| *greha* | gerade |
| *grimmig* | sehr, viel, groß |
| *gschmah* | nett, gemütlich |

| | |
|---|---|
| *gschparig* | sparsam |
| *Gschturi* | Wirbel, widrige Umstände |
| *gwehlat* | schief |
| *gwehnt* | gewöhnt |
| *Gwigiza* | Quietscher |
| *husig* | tüchtig |
| *hudln* | beeilen, überhasten |
| *iawad* | hin und wieder |
| *Knet* | Eile, Stress |
| *knettig* | eilig |
| *Lackanpascha* | Bewohner von Ebensee |
| *letz, letzest* | ungut, schlecht |
| *Luach* | Schmutzgebinde aus Staub, Haaren, Flusen |
| *Mangö* | Magen |
| *Nahat* | Nähe |
| *naling* | neulich |
| *niacht* | nüchtern |
| *oanding* | egal |
| *radla(b)* | aufgeregt, durcheinander |
| *rantn* | sorgen |
| *ruacha* | zusammenraffen, nach mehr gieren |
| *schluafizn* | schlurfen |
| *Schragn* | hölzernes Gestell |
| *Tögö* | Tiegel, Schüssel |
| *Tschach* | Anstrengung, Mühe, Plage |
| *Uhudltrum* | sehr groß |
| *unvadanks* | zufällig |
| *vor lauta Raarn* | übermütig, lustig |
| *Wuggerl* | Fussel, kleines Staubknäuel |
| *z'keit* | beleidigt |

# Inhaltsverzeichnis

*Ahja – und de Auflösung vom Mundartwörter-Quiz bin ih
enk ah nuh schuidig!*

| A) | 2 | E) | 1,2 |
|----|---|----|-----|
| B) | 4 | F) | 1 |
| C) | 3 | G) | 2 |
| D) | .4 | H) | 1 |

# Des letzte Wort ...

... soll a Danksche sei!

Nix in Lebm is selbstvaständlich und ih gfrei mih, dass's Leit gibt, de fia mih da san!

Danksche an mei liabe große Familie und an mein bsundas wertvolln Freundeskreis – wo's allwei a weng a frische Luft und an frischn Wind gibt.
Danksche an Prof. Hans Dieter Mairinger, sei Meinung is ma wichtig – und er hat mei Buach lektoriert!
Danke Hari Lechner fia deine originellen Zeich-nungen und Arno Moosleitner fia dei grafische Hilfe und fias Layout!

A ganz a bsundas Danksche an Barbara Frisch-muth – sie hat ma 's Vorwort gschriebm – es is ma a große Ehr und Freid!
Ja und mei Mann Bernd – der kriagt des letzte und größte Danksche.
Fia alls.

Ih brauch an Haufm „Frische Luft", wann's geht alle Tag, bo jedn Weda in da Natua – und enk, liabe Lesa, wünsch ih ah recht vü „Frische Luft" und a Freid bon Lesn vo mein neichn Büachö!

*D' Renate*

120